연분홍 답장

주한태 시화집

연분홍 답장

주한태 시화집

도서출판 천우

| 시인의 말 |

기차가 캄캄한 소음에 시달리다 터널을 빠져나오면 금방 사방이 훤해지고 창문으로 비치는 풍경에 한없이 아름다움을 느낀다. 저 멀리 조그맣게 보이는 동네 기와집이며, 땅콩 밭 원두막은 더욱 평화롭게 여유를 가지고 마을을 지킨다. 곁을 스치는 사과 밭 창고에는 무르익은 과일로 가득할 것으로 생각하니 나의 마음은 금방 풍요로움으로 넘친다.

이렇게 자연을 통하여 모든 사람의 가슴에 쉽게 와 닿고 아름답게 느껴지면서 우리의 마음에 내면화되어 감동을 자아내는 글이 되었으면 한다. 주로 체험을 통해서 일어나는 모습을 쉽고 재미있는 내용을 소재로 구성하였다.

그래서 나의 글은 어린 학생들부터 어른에 이르기까지 지위고하를 막론하고 누구에게나 쉽게 읽히고 가슴에 와 닿는 글이 될 것으로 여긴다. 단순히 산속에 새소리를 들으면 즐겁고, 풍경을 보면 아름다움을 느끼는 것처럼 글을 읽으면 쉽게 감동이 오고 마음이 편안해지면서 조금이라도 기분이 전환되었으면 좋겠다.

이런 나의 마음이 조금이라도 더 잘 전달되었으면 하는 생각에 그림과 함께 시화집을 만들어 보았다. 국내외적으로 미술계에서 저명한 동국대학교 김호연 교수께서 각 작품마다 이에 알맞은 내용을 구상하여 재미나는 그림을 직접 그려 주셨기에 시화집이 더욱 살아나는 것 같다. 시적 감정을 풍부하게 살리기 위해 최대로 노력한 만큼 많이 읽혀지기를 바랄 뿐이다.

세상에서 가장 소중한 순간은 '지금' 이 순간이 아닌가 한다. 시를 읽는 모든 분들의 앞날이 만사형통하고 행복의 날들로 가득가득하시길 바란다.

2015년 10월

瑞景

| 차례 |

제2부

내가 사랑하는 당신은

제3부

바람 불어와

제4부

해맞이

제01부

이런 것이 좋아요

돌냉이

아무도 가지 않는 모퉁이
버려진 땅, 비탈진 곳 둑 끝자락,
말없이 혼자 자란다

누가 찾아와 물 한 방울 주지 않고
거름 한 줌 주지 않고 내버려두어도
사월이면 새싹이 돋아나고
유월이면 노오란 꽃 피운다

아낙네들 나물이며, 새콤 김치 담근다고
얼굴이며, 팔, 다리 다 잘리어 가고
온 몸통 마구 잡아 뜯고 찢어도
조금도 서운해 하지 않는다

힘차고 단단한 새싹으로 자리를 메운다
더 많은 싹으로 숲을 이루는 기회를 만든다
마주 앉은 잎새들은 서로 쪼아 입 맞춘다
더 파릇하고 힘 있는 새싹이 되자고

청개구리

개굴아!
너는 이 더위 어떻게 지내는고
싸이는 K-pop 유행 타고
세계로 날아 다니는데
너만 혼자 외로이 나무 타고 다니는고

돈이 없어 배 고파서 혼자 노닐구나
너도 세월 따라 가려고 청저고리 입었네
돈이 모자라서 배에는
하얀 무명베로 기워 입었네

무명베 가슴 안 보여 주려고
나무에 꼭꼭 붙어 있구나
우리 손자 아이 보고 싶어서 왔으니
하얀 배 속 쏘옥 드러내 보여 주렴

할머니 용돈 받아 무명베
청저고리로 감아 주마

개굴아!
너도 나와 같이 많이 먹고 빨리 커서
싸이 공연 구경 가자
K-pop 공연 구경 가자

똥돼지 주둥아리

돼지 세 마리 소풍 간다
앞에 가는 돼지는 등이 새카맣고
다음에 가는 돼지는 코가 하얗고
뒤에 따라가는 돼지는 입에 똥 묻어 있다

깜둥 돼지는 친정이 한국이고
하얀 돼지는 고향이 덴마크이고
똥 묻은 돼지는 제주도이다
돼지는 형제들이 멀리멀리 떨어져 사는구나

입이 못 생기면 "돼지 주둥아리"
동작이 느리면 "돼지 궁뎅이"
가난한 사람 부자 되라고 돼지꿈 꾸게 하고
아픈 사람 병 나아 달라고 치료 약 되어 준다

못난이 동생 먹다 남은 음식이며
밥 찌꺼기 다 먹어 치우고
귀여운 우리 아이 똥
냄새 나는 줄 모르고 홀딱 먹어버린다

똥살 통통 살찌워
맛있는 수육 되고

김치찌개도 만들어 주고
제주 국수 맛있는 양념도 된다

죽어서도 사랑 받으려고
고사 상에 올라와 하늘을 보고 웃는다
빙그레 웃는 주둥아리에
복 받으려고 복채 넣어준다

죽어서까지 돈 벌어 주는
똥돼지 주둥아리

27

장날

새벽 시장 가는 아줌마
얼굴 씻은 사람 없다
안경 있으면 끼고, 모자 있으면 쓰고

산내 할머니 호박잎 한 묶음
입실 할매 손자가 잡은 미꾸라지 한 사발
양북 할아버지 깻잎, 콩잎 몇 묶음
몽땅 팔아도 왕복 차비가 될까 걱정스럽다

감포 아줌마 김치통 들고 컵라면 입에 물고
"오징어 한 마리 천 원"이라고 고함친다
"시금치, 무우 한 단에 천 원"이라며 들고 흔들고

전직 대통령 수천억 원 탈세했다고 하니
장꾼들 살 맛이 있을 리 없다
빼빼 마른 두 아저씨 연이어 줄담배 연기
용마름 그리며 하늘을 난다

시골 할머니
대통령이고 뭐고
뭐 먹었는지 모른다
천 원짜리 콩나물 떠리미하면 그만이다

순진한 시골 할머니 모른다고
농사꾼 할배들 관심이 없다고
수천억 해 먹어 놓고 몇십만 원밖에 없다고
빡빡 우기더니

할매들 비가 와도 시장에 나오신다
어제 그 할배들 만나려고
줄담배 피우는 그 아저씨 보려고

불볕더위 그치고 빨리 가을이 왔으면
추석이 다 되었는데 더위는 그칠 줄 모르니
대목 장날은 장사가 잘 되겠지
손자 용돈도 좀 줘야 되는데

영천 아지매

무궁화 열차가 영천 역에 도착하자
뒤에 앉은 아주머니 휴대폰 벨 소리
유난히도 크게 들린다

여보시요, 내시더
어제 잔채 갔딩기요
손님 만팅기요

전번에 그 아가씨 뭐라 캇딩기요
뭐 그래도 기분이 있잔능기요

그캐 내가 뭐라 캇딩기요
일찍 가보라카이 그카능기요
예, 알겠니더

그라머 다우매 또 연락하입시더

이런 것이 좋아요

율동에 맞춰 부르는 명창의 노랫말보다
당신의 구수하고 끊어질 듯
끝까지 부르는 노랫소리가 듣기 좋아요,

자린고비 빵집 아저씨 얄팍한 웃음소리보다
묵묵히 봉사하는 돌봄이 아주머니의 울부짖음이
더 아름답게 들려요,

박자에 맞추어 추는 서양 춤보다
삶의 경륜이 살아 있는 부녀회장의 엉덩이 춤이
마을에 울려 퍼지는 징 소리처럼 멋있어,

축제면 언제나 나타나는 서커스단 광대놀이
재미있고 즐겁게 함께 웃고 놀아주는
여유로움이 멋이 있어요,

보험 아주머니의 고소한 얘기보다
항상 누구에게나 정겹게 말하는 새색시 가느다란 목소리가
모든 사람에게 크게 들리는 법이오,

빨강 명품 스카프 가슴에 두르고
찢어질 듯 부르는 오페라 소프라노 가곡 소리보다
항상 여유롭고 부담이 없는 무 박자 트로트가 좋아요

금장대에서

나루에 앉으니
동해 바다며, 보문 호수
남천, 북천, 서천 고기 노니는 애기장터
강태공은 세월을 잊어먹고

햇노랑 아가씨들 쫑쫑 걸어가고
천 년 역사를 증명하듯 암각화는
봉우리 곁에 비스듬히 누운 채
강 넘어 가냘픈 도시를 향해

삼 천(川)이 한 곳에 모이는 곳
애기 청소라 불리어
기쁨도 씻고, 사랑도 씻어
찌꺼기는 형산강 종착역으로 보낸다

오랫동안 수도로 지켜왔던 세월
천 년이 되었으니
지칠 대로 지친 것 같구나
힘 떨어지기 전에

금장대에 모여
앞날 천 년 설계하여 보자
체력이 다 떨어지면
트레이닝하면 돌아오는 것처럼

한수원도 바로 세우고
양성자 가속기도 힘 있게 움직이고
방폐장도 단단히 만들고

반월성 소리

능선 타고 오솔길 걸을 때면
안압지 가을 소리 담고 한가히 앉아 있고
머릿속에 왕궁궐 그려보니
반월성 기슭에 태어난 것이 자랑스럽구나

소나무 가지 사이 용장사지 보이고
낭산은 선덕여왕을 보살피며
강 너머 은은히 곱게 들려오는
에밀레 종소리

땡땡 가물어도 남천 냇물 통통히 흐르니
신라의 정기는 끝날 줄 모르네
반원 그려 둘러보니 찬란한 흔적은
자욱도 없이 초라하고

천 년의 흔적은
길가의 한 줄기 냇물로 흐르고
금빛 궁궐은 텅 비우고
배드민턴 잔치판으로 와글거리고

도당산 멀리서 비 맞으면서
멍하니 바라보고 있고

뜻 모르는 자동차는
죽어라고 줄지어 다닌다

그래도 천 년의 향기 찾으려고
황룡사지 새 돋움하고 있고
월정교 뼈다구며, 껍데기는
가랑비에 촉촉히 젖어 있구나

계림숲은 말끔히 단장을 하고
첨성대는 혼자서 뾜쭘히 서서 있는데
온 마당은 "에밀레전" 손님으로 가득하고
비 젖은 천 년 향기 좋다고 하네

항아리 주머니

머릿속 항아리 주머니
계집아이 항아리 속엔
뽀하얀 궁뎅이 쏘옥 내어 놓고
뱅글뱅글

해님 좋아 요리 뛰고
달님 좋아 저리 뛰고
까르르 웃고 까르르 뛰고
해맑게 뒹굴고

꽃 처녀 노오란 항아리엔
하얀 물결이 나불나불 춤추고
밤하늘에 별이 반짝이며 속삭이는
꿈도 들어 있고, 사랑도 들어 있네

아주머니 노오란 항아리엔
계집아이 초콜릿 사랑
꽃처녀, 꽃미남 사랑 말하고
시 찾는 빨강 항아리 들어 있고

남자아이 항아리 속에
심술이 통통 차 있고
여자아이 항아리 속에는
얄미움이 소복소복 쌓여 있네

해님

바다 속에 숨어 있더니
새해 되었다고 고개 쏘옥 내밀어
붉은 바다 만들어
대왕암 띄워 놓는다

어젯밤 폭설에
천지가 하얗게 묻히고
나뭇가지 찢어질까 달랑이니

졸업식이 내일인데
학교가 온통 눈 천지라
축하객 어찌 올까
걱정이 되었는데

구름 속에서
고개 쏙 내밀고
하얀 웃음 머금고
손짓하네

놀란 눈 덩어리는
반가운 손님을 맞으려
물방울 되어
하얀 미소 짓는다

하이얀 해
소나무 가지 틈으로
뾰족이 나와
귀히 비춰 주고

노오란 해
창 너머 운동장으로
근심 풀어 비춰 주네

선달이네 막걸리

다섯 시가 되면
가슴에 종이 울린다
휴대폰 종이 함께 울리고,
발바닥 종소리 없이 막걸리 촌으로 향하고

다 모여 구름 이룬다
만 원짜리 한 장 놓고 마시고
취하면 그냥 자기 갈 길로 간다
내일도 그렇게 한다

몇 잔 마신 선달이 아재
주점 아줌마 엉덩이가
탐이 난 모양이야
슬쩍 하려다 벼락을 맞는다

궁뎅이가 동네북인 것처럼
이 놈 와서 한번 툭 치고,
저 놈 와서 한번 탁 치고
주막촌 아지매 고함 소리 천장 위에 날고

술 취한 선달이 아재는
눈 알맹이 위로 쪽 세우고

딸꾹질 한 번 뚝 하더니
부끄러움도 잊어 먹고
빙그레 웃음 짓는다

정류장

장날이라!
함께 살다가 이사 간 친구
텃밭에 가꾼 정구지 한 단 팔려고 오고
강아지도 두 마리 데리고 오기도 하고

젊은 아주머니 양손에 보따리 들고 타고
다리 아픈 할머니 지팡이 짚고 올라오고
귀 어두운 할아버지 시끄럽거나 말거나
조선족 한 명 타더니 평양 사투리 지껄여대고

다문화 아줌마 우리말 겨우 이어가며
“이 차 건천 가는 차 맞능기요” 한다
운전기사 하루 종일 손님에 시달려 말하기 싫어해서
벙어리 되어 간다

건너편 장터에는
외국인 근로자 삭발한 채 서성거리고
대낮에 술 취한 아저씨 오만 원짜리 한 장 들고 흔들고 있고
이십 대 관광객 삼월의 팬티 차림으로 젊음에 차 있고

삼 층 주름살 할아버지
지나가는 아이 귀엽다고 덥썩 잡는다
깜짝 놀란 아이랑 엄마랑 겁에 질려 달아나고
뒤쫓아 따라가며 몇 살이고 물으면서
아무렇지도 않은 양 혼자 웃는다

오늘도 정류장은 뮤지컬 홀
세월 흐름을 이야기한다

잠자리는 슬퍼요

나는 눈이 너무 많아 슬퍼요
주변에 많은 것을 보고, 쉽게 습득하지요
단번에 수많은 곤충을 잡아 먹지요

한눈에 사방을 볼 수 있어요
뒤통수로도 볼 수 있고
날개가 커서 날렵하기도 하고
높이 멀리도 날 수 있고

남들이 볼 수 없는 것을 보고 있으니
혼자만 알고 도와주지 못하고
가만히 보고만 있을 수밖에 없어서
정말 슬퍼요

나는 눈이 이만 개 있으니
이만 킬로도 안 떨어진
북한의 무인 정찰기도 먼저 보았지요
형제간에 싸운다고 알고도 모르는 척하고

서로 싸우지 말라고 하늘 날며
혼자 시위도 해 보고
정찰기 뜨는 날 머리가 얼마나 아팠는지
슬퍼서 죽을 뻔했지요

기다림

오늘은
술 마신 다음 날
갑자기 복통이 나서 급한데 콜택시 오질 않으니
급히 기다려진다

퇴직을 하고
혼자 집에 있으니
직장 나간 할망구 퇴근 시간이
은근히 기다려진다

막내딸
노처녀 되니 시집갈 때가
몹시 기다려진다

시집간 딸아이
이제 둘째 아이 생길 때 되었는데
걱정스레 기다려진다

지난 시절 옛 동료
함께 근무했던 아끼던 친구들
언제 승진이 될까
소근소근 기다려진다

새 학기 시작할 무렵
근무 만기된 교사들
어디로 이동이 될까
기대 반 걱정 반 기다려진다

기다림은
자그마한 행복이 흐르고
꿈을 싹 틔운다
님이 오는 자갈 소리 곱게곱게 기다려진다

영지의 미(美)

아사녀 공원 새 길 따라 걸으면
옛 이야기 실은 구름다리 반기고
청둥오리 수중다리 밑에 조르르 모여
서라벌 천 년 사랑 쪼아대면
연못에 담긴 물은 하얗게 맑아진다

다보탑 그림자 못내 아쉬워
늦가을 오후 맑은 날에는
토함산의 그림자 영지 못에 비친다지
사랑의 전설은 꿈 실는 여운으로 비치어지고

영원한 사랑의 꽃 피운 연못 영지
아사녀의 남편에 대한 지극한 사랑
보름달처럼 피어 오른 환영(幻影)으로
사랑의 상징으로 영지(影池)가 되었다고

아사달 아사녀가 못가에서
사랑을 속삭이던 돌다리
사랑 이야기 담은 꽃 의자도 만들고
사랑의 꽃 영원히 피워달라고 꽃등도 달고

설화 테마공원
아사녀 공원 만들어
큰 꿈 잉태하는 전설의 못
멀리멀리 비추어 주어야지

해변나루

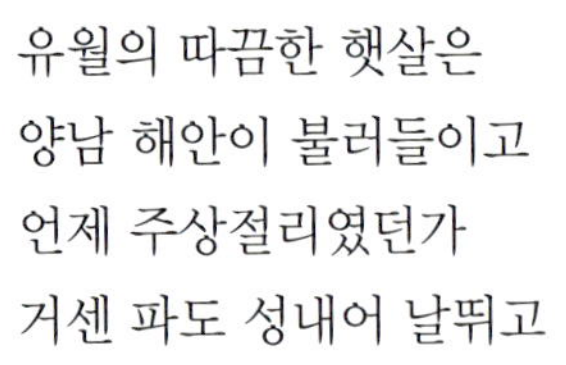

유월의 따끔한 햇살은
양남 해안이 불러들이고
언제 주상절리였던가
거센 파도 성내어 날뛰고

이제 와 솔숲에
하얗게 줄지어 누워 있으니
화가 풀린 듯
넘실넘실 춤춘다

말끔히 단장한 정자나루에
앳된 파도가 곱게 밀려 오면
시원히 짠 바람 내음
가슴에 젖어

갈매기 나래 찢어지게 떨고
나루에 바삐 막걸리 잔 돌아드니
달님도 몰래 곁에 와 앉아서
여름 이야기한다

멍하니 넋 잃은 나그네
파도에 삼켜 하루 먹고
연분홍 달빛 하늘에 젖어
또 하루 눕는다

봄이 오는 소리

진눈깨비 오시더니
노오란 가랑비 함께 데려오고
홍매화 잠에서 깨어났다고
볼구레 소식 전해오고

솔바람 솔솔 불더니
그냥 부는지 알았는데
솔솔 흔들어 개나리도 피게 하고
솔솔 흔들어 채송화도 피게 하네

솔바람 솔솔 개나리 바람 만들고
솔바람 솔솔 채송화 바람 만들더니
솔바람 타고 노오란 봄이 함께 오도록 하고

제02부

내가 사랑하는 당신은

연분홍 답장

지난 밤 언덕 위에 하얀 집
개나리 한 줌, 진달래 한 줌 돌돌 묶어
멍멍이 몰래 살금살금
추녀 앞에 갖다 놓으니
당신은 내 발자국 따라
달빛 안고 뽀도독 따라오고

물안개 얼굴 씻던 계곡에
풀피리 노래 한 곡 들려주고 오면
당신은 갈대 잎 흔들리는 소리 따라
금성 별 따다 들고 오고

보름달 두둥실 뜨는 날
첫사랑 꽃피운 산새들 지저귀는 들녘에
숱한 세월 묻어둔 "사랑"이란
말 한마디 들고 찾아가면
당신은 달 그림자 놓칠세라
연분홍 답장 들고 따라오고

두 갈래 길

내가 가는 길은
돌멩이 많은 오동통한 길
노오란 민들레꽃도 피어 있고
가시 많은 찔레꽃도 피어 있었다

줄무늬 호랑나비도 날려 보내었고
멀리 사방을 살피는 잠자리도 날렸다
노을이 물들 때 낙엽이 우수수 떨어지는
느티나무 밑에 노닐기 좋아했다

아름답게 저물어 가는
도당산 언저리 갈대 잎을 바라보며
연못가에 측은히 늘어져 있는
늙은 소나무를 그린다

한 갈래 길은 다 다녀왔고
다른 한 길을 이제부터 걸어가고 있다
얼마나 멀지도 모르고 가고 한다
끝없는 길을 연필 한 자루 갖고 가고 있다

하나의 꽃이 지면 더 예쁜 꽃이 필 줄 알았다
모가지가 짧은 꽃도 있고,

얼굴은 작으나 다리가 긴 꽃도 있고
복을 통통히 모아 안고 꽃을 피우고 있다

이 아름다운 꽃들을 한데 모아
나의 품에 두지 않고
향기 가득 채워 하늘에 날리고 싶다

내 사랑이 꽃 피울 때

보문 호수에 피는 벚꽃
물 위에 드리워진 나뭇가지에 피어도 아름답고
썩은 고목나무에 피어도 아름다운 것처럼
나의 사랑 그렇게 피고 싶습니다

지난해 이어 해를 넘겨가면서
벚꽃을 피우며 당신을 기다리겠습니다
당신이 오시는 날에 맞추어
피워 드리겠습니다

따뜻한 봄 소식이 먼저 오면
뿌리에 얼음 얹어가며 천천히 피워 달라고 하고
겨우내 추위가 길어지면 짚 돌돌 말아
몸통을 덮어가며 빨리 피워달라고 하고

곱게 입으신 색동 저고리 젖을세라
먼저 핀 예쁜 꽃으로 당신이 오시는 길에
겹겹이 깔아 드리겠습니다

호수에 주둥아리 예쁜 청동오리를
모두 한 곳에 모아 당신이 좋아하는 노래
불러 드리겠습니다

당신의 가슴에
한 송이 꽃이라도 피울 수 있다면
꽃잎 하나씩 따다 연못에 띄워서
호수를 붉게 물들게 하여 당신을 맞이하겠습니다

그러나 당신이 맬게 위에
무지개 철 다리처럼 곧게 버티고 있다면
그믐달 오리 배처럼 돌아 앉아 있으면

이제
다시 피는
잎이 두껍고, 통통한 겹사쿠라 꽃으로
당신을 맞이하겠습니다

그래도 당신의 마음이 변하지 않는다면
난 기러기가 되어 하늘 높이 올라

당신을 향해 사랑의 하트를 그리며
어디어디로 날아가겠습니다

돌아오는 새봄에는
유난히도 맑은 꽃을 피우겠습니다
내 사랑 꽃 피울 때까지…

내가 사랑하는 당신은

아담하고 동그란 얼굴이라
서양 냄새 풍기는 청바지보다
포근히 감싸주는 치마폭 넓은
한복을 입는 것이 좋겠어

가냘프고 고운 손가락에는
반짝이는 다이아몬드 쌍 반지보다
원화들이 즐겨 끼었던 곡옥 반지였으면 좋겠어

하루가 저물어
서산 넘어가는 황홀한 저녁노을보다
이른 아침 갈매기가 찢어지게 나는
대왕암 일출이면 좋겠어

초저녁 푸른 하늘에
반짝이는 샛별보다 이른 새벽까지 넌지시 불 밝혀
항해하는 선원들의 길잡이가 되어 주는
북극성이라면 좋겠어

할머니 돌아가신 날
온 산 안개 속 구름 사이로

내가
사랑하는
당신은..

몰래 나와 묘소를 비춰주었던
그 달님이었으면 더욱 좋겠어

온실에서 키운 작고 아담한 분재보다
혼자 스스로 자라 생명력이 있는
민들레 꽃이라도 좋고
커다랗게 웃으면서 겸손해서 항상 고개 숙이고 있는
해바라기라면 좋겠어

금방 피었다가
바람만 조금 불어도 떨어져버리는 벚꽃보다
입술이 도톰하고 믿음직한 겹사쿠라라면 좋겠어

향기 짙은 커다란 서양란 난초보다
동구 밖에서 오신 손님 반기며 찬서리 맞아가며
향기 그윽히 품어내는 원추리가 좋겠어

누렇게 익어 탐스러운 호박보다
초가지붕 위에 달린 고두박이라면 바가지 만들어
당신을 위한 하트를 그려놓고
언제나 바라볼 수 있으면 좋겠어

멀리서 소식이 없다가
한 번씩 크게 울어주는 뻐꾸기보다는
항상 반가운 소식 전해 주는
금슬 좋은 쌍까치라면 좋겠어

해 저무는 저녁 연못 위에
늘어진 소나무 가지가 해가 갈수록
은은히 우아해지는 것처럼
우리 함께 그렇게 늙어 가면 좋겠어

밉생이 외손녀

똥 싸도 좋다
오줌 싸도 좋다
뱅글뱅글 웃기만 해라

이리 좋아 뛰고
저리 좋아 뛰고
폴짝폴짝 재치가 넘친다

누구를 닮았을까?
엄마, 아빠 닮았지
쫀쫀한 외할머니 닮았을까
꼭 심술쟁이 할배 닮을라고

두 돌이 다 되어 가는데
응아, 쉬를 가려야 할 텐데
뽀하얀 궁뎅이 쏘옥 내어놓고
부끄러운 줄 모르고

말문 터져 종알거리면
하나 둘 세면서 뛰고
하나 둘 다섯 하고 좋아서
떼글—루 구른다

할머니 말 따라한다고
앵무새 되어 하루 종일 조아린다
“조용하라”고 하면 “조용하라”고 따라한다
떼글—루 보조개 웃음 짓는다

외할머니 산소

외갓집에 가면
외손자 왔다고 다락방에 숨겨 놓은
씨암탉 노오란 달걀
혼자 먹어라 내어 주시고

팽이치기하려고 마당에 갈 때면
청마루 높아서 넘어질까 봐
마루에 내려갈 때는 팔 꼭 잡아주시고
올라올 때는 발바닥 꼭 잡아주셨다

돌아가신 뒤에는
할머니를 잊어 버렸다
정성도 잊었고 고마움도 잊었다

할머니는 손자들이 미워
대왕 벌을 키우고 계셨다
묘지 위에 커다란 왕벌 구멍을 뚫어 놓고
그 속에서 계신 게다

꿈 속에서 할머니께서
“왕벌이가 길을 잘 닦아 놓았으니 놀러 오라”고
눈을 지그시 감고 말씀하신다
두대골 산 언저리 왕벌들이 진달래 잔치를 벌인다

유난히도 양지바른 곳 율동 뒷산에
손자가 할머니를 지켜주지 않으니
왕벌이가 할머니를 지키고 있는 게다
크고 굵다란 지킴이 왕벌이다

손자들이 찾아와 인사 드렸더니
왕벌이는 수줍음을 타고 훌쩍 날아가버린다
할머니의 사랑을 다시 찾아
또 하나 진달래 잔치 벌인다

숨바꼭질

할아버지 내 찾아봐요
안방 문 뒤에 숨는다
까만 머리카락 쏘옥 내어 놓고,

할머니 내 찾아봐요
커튼 뒤에도 숨는다
빨강 발가락 쏘옥 내어 놓고,

솜털 이불 머리만 살짝 덮고
다리는 쏘옥 내어 놓고
엄마는 모른 척하고 돌아앉았고
아빠는 아는 척 찾으러 가고

보따리든 수건이든
제 눈만 가리면
모든 것이 숨기어진 줄 아는
세 돌짜리 외손녀

꼬마 사단장

손녀 삼십 개월 다가오니
고집쟁이 꼬마 사단장 되었네

우유 찬 것 주면, 따뜻한 것 달라고 하고
안방의 등불 켜면, 끄라고 하고
산토끼 음악을 틀면, 다른 것 틀어라 하고
심통을 부린다

감기에 걸려 열이 올라가면
짜증 부리고 고집은 더 세어진다
요즈음, 아이가 몸에 열나면 옷을 홀딱 벗긴다
눈물과 콧물 섞어 알몸으로 고집부린다

옷을 푹 입혀서 열 내리게 하던 할머니는
발가벗은 손자가 애처로워 가슴이 탄다
오늘도 가냘픈 졸병이 된다

정치하는 사람 마음대로 안 되면
머리 삭발하고 옷을 벗어 던지더니
아무것도 모르는 아이
옷 홀딱 벗고 명령하니 재미있구나

작별

새색시 며느리 좋아서
함께 데리고 일하더니
그렇게 쉽게 떠났다지
바퀴 달린 것 좋아하더니 자전거 타고

오래 같이 지내자고 총무 맡겨
인간 울타리 만들어 붙잡았는데
우리 마음 내팽개쳐버리고
혼자 몰래 떠났구나

멀리멀리
아무도 따라오지 못하게
뒤도 돌아보지 않고 갔구나
작별 인사도 없이

외롭게 길바닥에 누워
아무도 살지 않는 곳으로
연탄 배달 다 놓아 두고
슈퍼 손님 다 놓아 두고

겨울이 지나고 봄이 와도
다시는 돌아오지 않는
멀리멀리 먼 곳으로

설날

가는 해 아쉽게 보내고
새해 맞아 한 살 더 먹는다고
오는 해 알차게 맞이하는
한 잔 마시는 날이다

처음 한 잔 마셨더니
얼굴이 볼구레 예뻐진다
기분이 볼구레 좋아진다
말이 볼구레 많아진다

새해 맞아 칠순 되었다고
미국에서 온 형님네
서울에서 온 동생네
볼구레 인사한다

또 한 잔 마셨더니
부끄러움 잊어 먹는다
말씨름 소리 시끄러워진다
추억에 젖은 눈망울 보이기도 하고

막내아들, 군에 간 조카, 의사된 조카
볼구레 웃어 모이고
이종, 고종 사촌
볼구레 짝지어 이야기 나눈다

한 잔 더 마셨더니
애정이 싹 트고
인정이 꽃 피운다
또 다른 사랑이 이루어진다

정년 퇴임식

모든 사람에게
축복 받으면서
마지막을 장식하기보다

바쁘게, 열심히 살아서
장학사, 장학관, 명문 학교장
다 겪었으니 고마웁고

좋은 자리 잘 해먹고
선망의 대상이 된 것 같아
죄송할 따름이다

나를 위하여 당신이 수고해주셨기에
나는 모든 것을 할 수 있었다
당신에게 감사할 뿐

내가 지녔던 것 모두 남기고
이제 정든 교정 아련히 생각에 젖어
내 사랑하는 학생, 함께 근무한 동료들에게
조용히 말 한마디 남긴다

학생들 앞에
작게 묶은 꽃다발 하나
솔직 담백한 이야기
한 줄을 남기고 싶었다

나의 생각, 마음, 정성을 글로 남기는
단 한 편의 시집을 남기고 간다
쉽게 써 놓았으니
잘 읽혀지기 바랄 뿐이다

사랑은

사랑은
눈을 뜨고 있어도
심장이 뛰어도
오는지 모르고

새벽 동 틔워 몰고 오는지
저녁노을 비추며 오는지
꿈 속으로 걸어 오는지
알 수가 없다

사랑은 무거워도
무겁게 오지 않고
가벼워도 쉽게
날리지 않는다

사랑은
손으로 잡아도
잡히지 않고

그냥 왔다가
간다고 말하지 않고
몰래 사라져 버린다

오동통한 과수원

철부지 아이들
오동통이 살찌우더니
과수원 반듯이 꾸려
분홍빛 동그랗게 살찌워
소복이 안고

큰 사과밭 혼자서
하늘로 들 수도 있도록 해놓고
시골 동네 마음 넉넉히
사로잡는다

연수 좋아하더니
농사 교육 받으러 갈 때면
방금 퇴직했다고 청년이래요
팔순은 보통이고

귀한 손님 왔다고
잘 익은 매운탕 점심으로 대접 받으니
함께 춤추며 연수 받던 시절
동그랗게 머리 스치네

그대 앞에

이렇게 당신을 찾아왔다가
방석 위에 그리움만 소복이 얹어 두고
커피 한 잔 취해 당신의 향기만 맡고 돌아갑니다

나의 사랑은 잠시라도 떠나지 않았습니다
사랑채 황토방이 노랗게 물들여진 것처럼
황토빛 사랑으로 연노라이 성숙해졌습니다

오늘도 톡톡한 당신의 모습에 눌려
담아왔던 말들 못다 풀고 그냥 돌아갑니다
내일은 달빛 한 소고리에 그리움 소복이 담고 찾아와
명주실처럼 새벽이 올 때까지 풀겠습니다

그래도 저녁노을에 해 지는 것처럼
말없이 서산을 넘어가면서 어둠만 가져다 준다면
고독을 씹어가며 마음껏 취하며 돌아오겠습니다

그대 앞에

벗 하나 그린다

청마루에 홀로 앉아
동쪽 하늘에 기러기 짝지어 나는 것 바라보며
벗 하나 그린다

흐르는 물결 위에 묵묵히 떠내려가지 않는
성(城) 그림자처럼 나를 항상 곁에서 감싸 안아주는
벗 하나 있었으면

어린 시절 꿈을 키웠던 왕바위 모래사장을 등지고
어둠을 뚫고 조용히 흐르는 강물 같은
벗 하나 있었으면

마을이 없어지고 마음이 허전할 때
포구나무 밑에서 곱게 들려오는 징소리 같은
벗 하나 있었으면

반월성 언덕에
꽹과리며 북이며 함께
서라벌의 함성이 울려 퍼지게 하는
벗 하나 있었으면

바람은 고요한데 마음이 고달플 때
강물에 가득한 물안개가 걷히듯 나의 마음 달래주는
벗 하나 있었으면

아무도 가지도 못하는 금수강산
깊숙한 곳 끝까지 함께 갈 수 있는
벗 하나 있었으면

등대

태풍이 불어도 흔들리지 않고
태양이 내리쬐어도 피하지 않고
한파가 닥쳐도 꼿꼿이 서 있고

지붕을 날리는 해일이 와도
떠날 줄 모른다

늘 말썽꾸러기 파도만 좋아하고
그믐날 밤 고기잡이 길 잃을까 봐
빨간 불 켜고 기약 없이 기다린다
당신이 오시는 그때까지

제 03부

바람 불어와

바람 불어와

강 따라
샛바람 불더니 봄이 오고
산 따라
갈바람 불더니 가을이 온다

바람은
강도 흔들고
산도 흔들고
고달픈 하루도 흔들고

바람 불어와
옛 사랑 불 지펴주고
저문 삶 꽃 피워주기도 하고
바람이 없는 곳에 그 무엇이 있으랴

나의 끈질긴 사랑도 바람 맞아가며 피었고
나의 모진 삶도 바람 맞아가며 자랐으니
바람이 불지 않은 곳에 어떻게 새벽이 오랴
난 바람 불어오는 길목에서
햇살 따사롭게 기다릴 테야

시냇물

— 옥계계곡에서

냇물아!
너는 혼자서 어디를 가느냐
가다가 송사리 떼 만나면 밥 먹여주고
가재 있으면 등어리 만져주고
개구리 밥풀 물 먹여 하얀 꽃 피우지

겨울이면
꽁꽁 얼음 되어 길 건너라고
징검다리 되어주고
쪼르르 물소리
아름다운 뮤직송 들려주고

여름이면
놀러온 우리 손자
젖 먹고 자란 흔적 없애주려고
입이랑, 머리랑 멱 감기어 주기도 하지

아이야 냇물아 !
고맙기도 해라
고마운 일 다 해치우고 어디로 가느냐
흘러흘러 동해 바다로 가는구나

거기 가면
북한 고기도 만나고, 중국 고기도 만나고
넓은 바다 수많은 고기 만나겠구나
일본 고기 만나면 독도는 우리 땅이라고 일러 주렴

너는 어찌 싸우지 않고 노느냐
우리에게도 그 방법을 가르쳐다오
너희들처럼 싸우지 않고 놀도록
통일을 가르쳐 다오

태백일기

말없이 산 속에 숨었구나
시원하고 서늘한 곳 찾으려
깊은 산, 푸른 계곡으로
동근이도 뒷집 삽살개도 함께

천지에 폭염주의보 내렸는데
혼자 숨어서 가을을 즐기고 있네
석탄 캐러 온 아저씨에게만 가르쳐 줬구먼
삼복더위 푹 쉬고 가라고

계곡에 차디찬 물 속에 발 담그고
풀벌레 소리 들으며 놀고 가라고
강냉이, 감자 쪄서 허기 채우고
절름발이, 곤드레, 곰치나물로 입맛 돋구고

강원도 아지매 푸근한 인심은
멋모르게 달려온 아저씨 마음 달래주고
낙동강 물 마를까 봐 황지연(黃池淵)은
계절 없이 언제나 쉴 새 없이 뿜어댄다

태백아!
모두들 삼복더위 넘기느라 몸살을 하는데

너만 어찌 살이 통통 졌구나
배 속에 새까만 석탄 덩어리 다 토해내고
속병 나아 시원한 게지

나도 너처럼
하얀 막걸리 거품 다 토해내고
속병 나아 너와 함께 놀고 싶네
찌듯한 여름 시원히 지내고 싶구나

까치

꼬까옷 입었구나
새까만 바탕에 하얀 옷
멋쟁이 옷 입고 어디를 가려느냐

추석이 다 되어
일 바빠 고향에 못 가는 친구들
제사 소식 전하려고 이 집, 저 집
찾아 다니는구나

너는 금슬이 좋아
꼭 둘이서 함께 다니는구나
못난이 친구와 함께 어울려 놀 줄도 알고
고운 목소리에 까맣게 빗질하기도 하고

까악까악
노래 불러주고
까악까악
소식도 전해 주고

새색시 시집가는 날이면
대문 앞에 찾아와 반가이 인사하고
부부가 영원히 잘 살아 달라고 부탁도 하고
오늘은 개성공단 재개 소식이 있다고
가르쳐 주기도 하고

이제
비무장지대에 가서 마음껏 노래해야지
소원이 성취되었다고
통일을 하자고

백두산에 올라서

해맑은 가을 하늘에 눈 덮인 장백산
이틀이나 기다리니 주인을 알아보는구나
신라 고도 화랑들이 왔다고
오후에서야 하늘 문 열어주었다

천지연 뽀하얀 안개 속에
푸르름이 맑은 호수 하나 떠 있다
초가을 하얀 병풍에 둘러싸인 주인 잃은 호수
저 멀리 백록담까지 한눈에 쏘옥 들어온다
이렇게 멀고도 가까운 땅, 하늘, 산, 호수

옛 고구려 땅 고향에 찾아왔다고
태극기 꽂고 춤추고 애국가 불러야 할 텐데
먼저 온 그이가 복장 차려입고 똑바로 서 있네
옛 주인이 달라고 할까 봐
꼭꼭 서 있네

태극기 못 꽂고, 애국가 못 부르는 심정으로
화랑의 노래 크게 불러 통일되어 보고
동영상도 찍어 모아 두고
지구촌 식구에게 주인이 화랑이라고 말하고 싶네

백두산아!
너 보고 싶어 뛰어 왔는데 주인이 따로 있네
옛 주인이 찾아왔으니 방긋방긋 웃음을 주려무나
깊은 산, 맑은 물 만들어 놓았구나

빨리빨리 통일되어 우리 품으로 돌아와다오
우리 손자, 당신 손자 모두 불러
우리 땅 곱다고 보여주고, 우리 조상 고맙다고 인사드릴게
지구촌 이쁜이, 꽃분이 매일매일 찾아오도록 만들어 줄게

겨울 조명

조명 빛 내리더니
계림 숲은 계절을 모르고
첨성대는 냄새 없는 향기에 취해
천 년 역사를 안고 한없는 눈물을 흘린다

반월성은 겨울 사쿠라 하얗게 비추고
목화 꽃은 추위를 잊은 채
봉오리 보얗게 맺어 있고
사방에 핀 조명 불빛은 계절을 잊은 채

오늘은 푸르고
내일은 갈색으로
낙엽 지고 쓸쓸해도
하얀 잔치 벌인다

백률사

천년 사찰이라 불자들 많이 모이더니
손님 맞으려 앞마당 곱게 다듬고
극락 길 열어주는 돌계단 나란히 반기고
소금강 불심 가득히 품어 안고

울퉁불퉁 못난이 돌덩어리 일곱 부처님
금강산 지키느라 밤낮이 없고
실개천 물 석불 감싸며 돌고
목탁 없는 무언의 기도 소리

베짱이 째재잭 귀 스치면
온 사찰은 향기로 가득하다
풀 내음, 기도 소리, 불자 마음
보얗게 덮힌 부처님 곁에

아카시아 달콤한 향기 온 마당에 찌르고
살며시 찾아온 기도 소리에
새벽 이슬 잊은 채
혼자 중얼거리며 기도 드린다

백률사 기도 소리 소르르
옆으로 살짝 들여다보니
수능 대박 기도 소리 들리고

몰래 쪼그려 귀 대어 들어보니
합격 기원 기도 현수막 보이고
공무원 임용 소리 소곤거리고
저마다 기도 소리 역력히 들리네

가을이 오는 소리

가을바람 솔솔 불어오니
혼자 오는 줄 알았는데
코스모스 예쁘게 피운다고 가르쳐주고
국화 향기 온통 구름 나르고

가을비 살랑살랑 내리니
손잡고 오는 줄 알았는데
단풍잎 유난히 빨갛게 이야기하고
오색 단풍 구름 나르네

가을바람 솔솔 불어오니
혼자 오는 줄 알았는데
계림숲 바람 다시 온다고 얘기하고
교동마을 사람 향기 구름 나르네

가을비 주룩주룩 내리니
짝 지어 오는 줄 알았는데
첨성대 생기 돋아 우뚝 서 기다리고
대릉원 인파 아장아장 구름 나르네

가을소리

낙엽

나뭇가지 틈 바구니
빨강, 파랑, 회갈색 종이 꽃
노오란 향기 가슴에 안고
뽀하얀 연기 가득 싣는다

한 해 동안 늘 푸르름에
쪼그려 앉아 있다가
하이얀 연분홍 잎사귀 되어
온 하늘을 나른다

미니카 창문에도 안기고
까치들이 노닐던 전봇대 위에
북술네 초가지붕 처마 밑 제비 집에
한들한들 가을 노래 부른다

은행나무 거미줄에 매달린 그는
온 동네 구석구석 빤히 쳐다본다
올해 농사 잘 지었다고 말하고
한 살 나이테 그림 그려 신고하고

지난해 낙엽 소리 어제 같은데
벌써 겨울 소식 전한다고 가지 위에 달랑이고

기력을 다하는 회갈색 쭉정이는
포도 위에 뒹굴다 추위를 못 이긴 채
오손도손 팔장 끼고 얘기하고 있으니

초라한 낙엽 되어 끼리끼리 모여 데모한다
몸 태워 할머니 겨울잠 편히 들게 하고
똥거름 만들어 강 언덕에 아지랑이도 피우고
새 봄 알리는 새싹들에게 곱게곱게
피어 달라고 조른다

일출

대왕암 하이얀 물 나부리
돗자리 붉게 깔아 놓으니
꽁치, 멸치 꼬랑지 쳐들고
갈매기 나래 찢어지게 나네

수평선 위에 해님이 뱅긋
머리만 쏙 내밀더니
새색시 연지 빛 동그란 얼굴로
청마 타고 반긴다

청마 얼굴이 붉게 타오를 때
푸른 바다는 분홍색 치마 차려 입고
흥겨운 대왕암은
노랗게 출렁인다

축제 맞는 갈매기는
님 맞으랴 반갑게 까불어 대고
청마 탄 붉은 얼굴은
나의 가슴에 덥석 안기어 버린다

나도 따라 빨갛게 빠져 버린다
금방 노란 알몸이 된다
빨간 마음은 하얗게 출렁인다

폭설

고요가 한잠을 깨우니
천지가 하얗게 변했다고
현관문 틈 사이로
하이얀 소식 전해준다

밤새 울던 전봇대 전선은
얼마나 아팠는지
하얀 붕대 굵다랗게 동여매고
하얗게 미소 짓는다

수십 년 만에 폭설이라
모두들 아장아장
걷기만 한다

동석이 아재는 운전대 잡고 걷고
과일 가게 아줌마는 눈삽 들고 걷고
동네 아이들 자전거 끌고 걷고
꽃처녀 노란 우산 들고 걷고

담쟁이넝쿨

절벽을 보면 좋아서
어쩔 줄을 모르고 올라간다
아득하면 쉬어서 가고
어둠이 오면 뚫고 올라간다

눈이 오면 하얗게 앉아 있고
비가 오면 물방울 동그랗게 하고
바람 불면 서로 꼭 껴안고
해가 내리쬐면 고개를 쳐들고 올라간다

물 한 방울 주지 않아도
거름 한 줌 주지 않아도
폭염이 와도 하늘 보고 웃고
폭설이 와도 잎 하나 떨구지 않는다

주인네 품속으로 몰래 들어와
태풍이 불까 꽉꽉 붙잡고
지진이 올까 꽁꽁 붙잡고
다시 허리 졸라매고

손 꼭 잡고
서로 떨어지지 말자고 하고
더 많은 새싹을 틔우자고
손가락 끼우고 약속한다

민들레꽃

숙이가 밟고 가도 하얗게 피고
산토끼가 와서 뜯어 먹어도 아픈지 모르고
소달구지 오줌 싸면 햇노랗고
똥강아지 노랗게 싸면 샛노랗게 피지

모질고 예쁜 민들레 한 송이 찾으려고
온 세상을 둘러보았더니
유난히도 고운 한 송이
언덕 위에도 깊은 산 속에도 아닌

앉은뱅이꽃 민들레
나지막이 앉아 있었기에
아무에게도 띄지 않고서
그대로 있었구나

세상에서 제일 아름다운 꽃 되라고
살짝 뽑아 가까이 옮겨 심어
입으로 호호 바람 불어주면서
물 주고, 만져주어 더 예뻐지라고

너무나 예쁘게 키웠더니
잠자리도 자주 와 놀다 가고

꿀벌도 찾아와 쉬어 가고
이름 없는 풀벌레들도 놀다 가더니
달콤한 향기도 색깔을 잃어가는구나

민들레야!
더위가 와도 노랗게 향기 품고
추위가 와도 하얗게 예쁘게 있어 주렴

추억도 잊고, 세월도 잊어버리고
처음에 핀 노오란 꽃처럼
노랗게 있어 주렴

보문단지 사월이 되니

폭설 하얗게 덮어쓰더니
사월이 되니 벗꽃 모자 볼구레 쓰고
호숫가에도, 길가에도, 물레방앗간에도
볼구레 꽃 물결 바삐 출렁이고

볼구레 덮어 쓴
인파들은 오갈 데 없이
자동차는 길바닥에 아예 누워버린다
마중 나온 벗님은 어쩔 줄 모르고

조롱조롱 매달린 벗꽃은
망울마다 뽀얗게 웃어대고
호숫가의 찢어질 듯 늘어진 가지는
물 위에 드리워져 있고

길가에 매달린 꽃망아리는
호수를 향해 볼구레 웃음 자아내고
눈망울 잔뜩 머금은 꽃들은 나뭇가지에 앉아
봄 처녀 그네 되어 나불거린다

수만 명 마라톤 마니아
희고, 검고, 노란 사람 함께 어우러져 있으니

꽃 좋아 모인 사람들이니 인종도 구별이 없구나
동네는 금방 새로운 평화촌 되고

연인 같은 벚꽃은
더 나은 봄을 기다리고 있으니
예쁜 꽃을 피우기 위해 재빠르게 서둘고
천 년 벚꽃 향기로 짙게 맺어지길

이팝나무

오월이 되니
이팝나무 가로수에
눈이 소복이 쌓였네

유난히도 크고 예쁜 꽃망울
솜털 모양의 뭉게구름처럼
하늘 날며 봄 소식 전하니
풍년이 오려나 봐

지붕 위에도 하얗고
들녘 잔디밭에도 하얗고
어제 산 자동차 지붕 위에도 하얗고
마을 버스 정류장에도 하얗게 앉았네

눈 먼 꼬부랑 할머니
손등에도 곱게 만지작거리고
귀갓길 여학생 치마폭 앉아
재롱을 떨고 가고

예쁘게 빗질한 새색시 머리 위에도
소복이 찾아오고
아파트 경비실 해묵은 책상 위에도
몰래 들어와 놀고 가고

봄이 왔다고
온 천지에 나팔 불고
꽃가루 잔치 벌인다

봄비

간밤에
온다는 소리 없이 혼자서
몰래 살짝
꽃밭에도 채전 밭에도 왔고

해 뜨고
바람이 불어 솔솔 소리 나더니
고추밭에도 왔고
어제 심은 알로에 밭에도 소식이 왔고

방황하듯 따사로운 봄비는
들국화 하얗게 피게 하고
여름 같았던 날씨도
가슴 여미는 봄 바람 몰고도 오고

봄비는 심술쟁이 마술사
꼭 우리 형님 같아
애타는 농부의 마음도 달랠 줄 알고
귀엽게 자란 강아지풀 꽃 피워주기도 하고

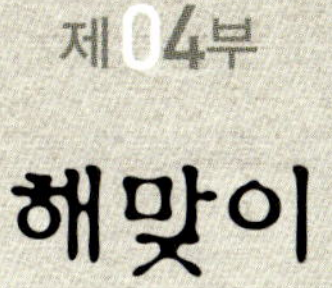

제 04부

해맞이

용장골에서

하나 둘 세며 잠을 청해 봐도
돌베개 베고 바위에 누운 듯
머리에 잔물결 소리만 졸졸 흐르게 하고

산기슭 계곡에
물안개가 피어 오르는 듯
님의 향기가 온몸 구석구석에 젖어 들고 있으니

봄 꽃이 피어도 몸은 나른해지고
구름사다리에 오르지조차 않았는데 머리는 어지럽고
실개천 냇물마저 상사 바위를 감돌고

진달래 물든 손가락으로
흐르는 물 모래판에 "그리움"이라고 썼더니
냇물도 소리 없이 떨며 흐르고 있어

해맞이

어제 해운대 저녁 하늘에
손 흔들어 달님 떠나 보내고
오늘은 동백섬에 올라
해님을 맞으려 하니

인파는 구름처럼 나르니
해님은 좋아서 어쩔 줄 모르고
뭉게구름에 금빛 테두리 돌려
연분홍 연꽃으로 선물 만들어 주고

해님은 다시 가느다란 소나무에
하얀 꿈 소복이 담아 주시고
뒤질세라 먼저 온 구름은
복 돼지를 만들어 해님을 태우려고 하고

또 한 마리의 청용(靑龍)이 나타나
해님을 안고 하늘을 난다
용은 다시 새털 구름이 되어

여의주 한 다발 풀며 청양(靑羊)을 이끌고
가가호호 새해 소식을 전한다
청양은 다시 을미호를 타고 달린다
향기로운 사랑의 꿈을 싣고

추억의 인제, 원통길

인제, 원통 길이 아련히 떠 오른다
멸공 칠칠이 산악부대
밥풀 하나 달고 이 산 저 산 폴폴 날아 다녔지

봉화산 정기 받아
수의사 덕락이 동기 소 부랄 까서 부자 되었고
장군 수성이 선배 별 네 개 달았고
후배 봉우 사장은 울산에서 돈 좀 벌었지

휴전선도 좋을 때 있나 봐
우리 모두 아름다운 인연 만들어 주고
멋진 추억 만들어 주고

삼십 년 세월 흘렀으니 변하기도 했구나
리빙스턴 건너 우리 잠자던 숙소
지원 중대 앞 오두막살이도 자취 감추고

빨리빨리 건너서 인제 가서 놀고 오라고
강나루 건너던 뱃길도 사라지고
군바리들과 농담 잘하던 뱃순이도 시집을 간 모양이야

저 멀리 돌아다 보이는 길 모퉁이
노루목 고개만 남아 있네
소양강물은 여전히 변함없이 흐르니
세월을 지키는 것은 강물밖에 없는가 봐

"인제 가면 언제 오나 원통해서 못 살겠다"는
옛말도 실감을 잊어 버리고
교통편이 좋아져서 왕래가 쉬워졌구나
설악산 넘어 속초 갈 때는 꼭 하루 쉬어 와야 했는데

용장사지 가는 길

삼릉 남쪽 꼬부리 오솔길
돌담길 개울가 조르르 물 흐르고
형형색색 단풍잎 바람에 날리다 못해
빨갛게 애교 피우듯 자태를 드러내니
사진 작가 밤낮 붐벼대고

능 뒷길로 갈 테면
늙은 소나무 축 늘어진 가지로
나무 포장길 다칠세라 곱게 덮어주고
고위산 가는 돌다리 짝지어 반긴다

계곡에 해묵은 돌다리 천 년을 얘기할 때
목 없는 부처님 손님 맞으랴 반기신다
인자스러운 부처님 목을 잘라 놓아
상선암 불자들 한 서린 눈물을 흘린다

팔각정 이르러 도시를 바라볼 때면
천 년 수도 지켜온 자욱이 연연히 남아
용 한 마리 길게 누워 영산(靈山) 길 열어 놓고
도당산 목 잘리어 하얗게 보이고
나정, 오릉, 삼릉이 여의주 되어 반기고 있다

용장길 치마 차려입은 부처님
또 목 내어 놓는다
용장사지 금오신화 예찬 가객
또 한 번 울음을 터트린다
솟아지는 눈물로 쓰라린 가슴을 씻는다

초등학교 동기회

마음이 가장 편한 모임이다
오늘은 이십 년 만에 만나는 사람도 있고
세월이 후딱 지나가 버렸다
꼭 시간을 잊어먹은 것 같다

엊그저께 운동회 때 뛰고 달리고 했는데
남자는 대머리가 되었고
여자는 곱게 발랐지만 쪼골쪼골하다
영락없는 육학년 삼 반이다

남천에서 멱감고, 가재 잡고
문화 혜택 없이 자랐지만
판사, 의사 딸 며느리 있고
돈 많이 버는 아들도 있으니

신라 천 년 정기 받은 얼굴들
마음은 아직 황남초 사 학년이다
또박또박 이야기하는 표정
그 모습 그대로이네

모습에만 세월이 흘렀는가 봐
모두 할배, 할매 되었으니 말일세

죄 없고 순진한 우리 황남 친구들
꼭 늙어 보이게 만들어 놓고

세월은 심술쟁이야
다른 곳은 다 그냥 두고
이마 주름살만 쌍으로 덩그렇게 만들어 놓고
멀뚱히 쳐다보고 있도록 하고

황남 야유회

천 년을 부둥켜안고
계림숲, 반월성, 재매정 잡고 늘어져 왔지만
임금이 살던 좋은 땅이라고 어느새 앗아가고
옛 삶은 찾을 길 없고 빈털터리만 되었네

황남 지킴이 장기사, 이목수
장가 한번 못 가게 해 놓고
미안한 줄 모르고

동네 판잣집 구멍가게 태기사
대장암 걸려 부산 가게 하고
김기사, 신장 나빠 총무 못하게 만들어 놓고
모른 척하네

지나버린 옛 혼(魂) 찾아서 버리고
새길 천 년 야유회
명주실처럼 가늘고 길게 짜고

앞날 의논코자
동네지기 몽땅 모아
최씨 노가다 하루 쉬고
송기사 마누라 염소고기 좋아하니 데리고 가고

정사장 예쁜 마누라도 함께 가도록 하고
문구점 오씨 아저씨도 데리고 가고
목욕탕 경국이 아재도 함께 가자
뒷집 동경이도 트렁크에 태워 데리고 가고

물 좋고 경치 좋은 산내 골짜기
염소 먹고, 돼지 먹고 기운 차려
우리끼리 모이고, 새 동네 궁리하여
푸근하고 정 넘실대는 황남 고을로

장기사 이목수 장가 보내고
태기사 암 투병 그만하게 하고
김기사 총무 다시 하는 그날이 올쯤이야

석굴암 설경

석굴로에 발 들여놓으면
비단 이불을 깔아 놓은 듯
혀로 핥고 싶도록 정감이 흐른다

맨발로 사뿐히 걸을 때면
걸음 걸음 아까워
한 발이라도 더 천천히 걷고 싶다

폭설이 내리더니
천지가 하얀 하늘로 날아
하이얀 소복 덮어쓴 소나무
깊은 사랑에 빠지고 있다

애무에 빠진 노송은
몸통이 부러져도 아픈 줄을 모르고
하얀 땅바닥에 누워
눈 치마 속에서 하얗게 웃고 있다

동자 스님
삽 들고 와서 떼어보려고 하지만
사랑은 절정에 이른 듯

물끄러미 바라보는 부처님
백 년짜리 하얀 눈 저고리 받쳐 들고
천 년 닦은 서광으로 찬란히 반짝인다

울릉도

꼬불꼬불 오솔길
명이 나물 곱게 따는 나물 길 되고
울퉁불퉁 돌산
바위에 핀 향나무 군계일학(群鷄一鶴)이 되고

멀리 떨어져 있어
우리 땅 아름다움 멀리까지 알려 주려고
바다 건너 숨어 있어
독도는 우리 땅 지킴이 되어 주려고

푸른 바다는 당신께
오징어 한 소고리 듬뿍 안기고,

봉(峰)마다 산열매 약초 소복이 담기고,
호박 구덩이 주렁주렁 달리게 하고

사랑에 잠긴 성인봉은
사방의 푸른 물결 치마폭에 푹 빠져 있고
섬 아가씨 얼굴 뽀하얗게 예쁘고
마가목 열매는 빨갛게 자태를 드러내니
오신 손님 반갑다고 뱅긋이 웃어 주고

육지 소식 전해주는 뱃고동 소리는
섬사람의 마음을 하얗게 들려준다
새로 단장한 울릉도는
산을 깎아 새 길 만들고
새 길은 나물 나르고

나물은 입 맛 돋구고
입맛은 예쁜 얼굴 만들고
예쁜 얼굴은 환상의 섬
환상의 섬은 만인의 사랑 되어요

해운대

열차 타고 갔더니
옛 역은 사라지고
시멘트 철 기둥 집 하나 있고
어리둥절 사방을 돌아보니

바닷길 잇는 시장통도 보이질 않고
아파트 지붕 소복이 쌓여 있네
친구 따라 동백섬 한 바퀴 돌아보니
바다는 님을 알아보는 듯

파도소리 곱게 찰랑이며 반가이 맞고
시장통 소머리국밥은
예전에 제 맛을 잃지 않고
군침을 삼킨다

해수욕장 모래밭은
넓디넓은 수평선 만들어 놓고
해변길 찬란히 빛낼랴
천만 방문객 맞으려 하고
백층 건물 짓는다고 야단이네

갈매기는
축제를 맞은 듯
큰 바다 하늘 높이 커다란 원 그리며
떼 지어 쏘다니면서 노닐고 있네

청암사 하루

부처님 오신 날
마누라 치마폭 잡고
처외갓집 고향 마을 불령산 계곡
청암사 찾아갔더니

냇물은
거울보다 더 맑고
바람은
겨울바람 그대로 남아 있네

대웅전은
흐르는 계곡하며 자줏빛 등나무 꽃에 싸여
수도산 정기 사로잡아 불심 가득 채우니
승가대학 비구니 스님들
재빠르게 움직이고

지형스님은 십 년 전이나 똑같고
멀리서 왔다고 반가이 맞아주신 하얀 모습
눈시울만 살짝 세월이 지나간 것처럼
웃음이며, 목소리는 옛 모습 그대로이시네

출입구며 쌓인 돌담은 역사를 증명하듯
온몸에 누더기 이끼 덮어 쓰고
화장실은 오줌의 길이가 십 미터
그대로 남아 있어

서울 삼촌네 일행들
흐르는 계곡물, 자줏빛 향내음 취해서
불심에 사로잡혀
하루 더 묵고 간다고 하니

안개 낀 칠불암

실모래는 물 위에 뜨고
굽은 소나무 가지런히 마중 나오고
대웅전 짓는다고 기와장 늘어놓으니
비탈진 오솔길은 젊음이 넘쳐흘러

산기슭 샘 솟는 우물은
보얗게 덮힌 물안개 걷히고 나니
님의 얼굴 동구랗게 물 위에 돌고
방광은 비쳐 달빛으로 가득하고

더 멀리, 더 깊이
새벽이 열릴 때까지 비춰주고

대나무숲, 돌계단
하늘문으로 뻥 뚫려
서광이 곱게 스며드는
그날이 오면

짙은 안개 속에서도
흐르는 구름 사이로 비치는 밝은 빛
일곱 부처님 가슴에
깊이깊이 비춰 주는

고위산 언저리 양지바른 곳
구름이 가다가 쉬어가고
해님이 지나다 들여다보는
안개 낀 칠불암

봉정사 송암당

우화루 들어가니
옛날 한옥에 살던 기억 번뜩 지나가고
낮익은 출입구 머리 부딪칠까 아슬하고
혼자 핀 백합 한 송이 우뚝 반기고

송암당 마루에 몰래 올랐더니
살얼음 위에 건너듯
발바닥이 바르르 떨리고
가냘프고 곱다라운 마루채
발 저려 그만 놓으니

문전에 고목 소나무 한 그루
조그마한 바위 그릇에 들어 앉아
수백 년을 빌붙어 살았어도
아름다움은 자지러지고

애달픈 가객은
잘 살아 달라고 애원하며

돌밥 소복이 얹어 놓고
극락전처럼 장수해야 할 텐데

까치구멍집 헛제사밥
먼 길 손님이라고 인사하고
마을 전통 보존하고
제비원 공원 손 흔들어 보내고

코스모스

귀밑 바람 불어
살랑살랑 흔들고
반가운 님이 찾아오시면
양팔 벌리고 살랑살랑 춤추고

거리에 줄지어 나부끼며
온종일 님이 오실까 흔들고 있고
사랑하는 그이가 오면
하얀, 빨강, 분홍색 차례로 흔들어주고

살랑살랑 바람이
어느새 더위를 밀치고
가을 몰고 와서
살랑살랑 흔들며 속삭이고

살랑살랑 바람이
이제는 겨우내 적적할까 봐
하얀 눈을 몰고 와서
더 아름다운 세상이 되라고 말하고

살랑살랑 바람이
하얀 세상 곱게 살아달라고
살랑살랑 불어댄다

태화강 십 리 길

강나루 구름다리 올랐더니
대숲 길 나란히 줄지어 있고
강물은 대나무 그늘 삼아 안고
도시의 핏줄로 흐르고 있으니

신바람 듬뿍 실은 태화 강물은
십 리 길 대나무 방풍으로 막아주고
살림살이 풍성해졌다고 깃발 들고
강물은 대나무를 애무하며 흐른다

누가 그 사랑 소리 들을까 봐
소리 없이 무지개 다리 밑을 흐르니
강바람 솔솔 불어 물결조차 아름답고
잉어 떼는 세월을 아는 듯 꼬리를 흔들어댄다

대나무는 강물의 깊은 사랑 받으니
생생한 잎마저 거울처럼 투명하게 빛나고
신나는 듯 대나무는 허리 아픈 줄 모르고
쭉 곧게 서서 님을 반기고 있네

갈대는 축제에 젖어 찢어지게 웃으며
푸르게 감싸인 몸통은 모조리 벗어 던지고

얼굴에 비단 꽃으로 물든 하얀 미소를 머금고
가을의 향기를 흔들어댄다

갈대가 늙을수록 꽃이 아름다우니
강물은 대나무와 갈대의 사랑 속에서
더 오래도록 맑게 흐르자고 얘기하면서
새로운 사랑을 속삭인다

여수 길

출발을 하니
고물 차량 꼭 심통을 부린다
못 고친다고 말하기에
돌아서려고 했는데

마음이 허전하여
뒤돌아다 보니
저절로 자가 처방이 되니

동의보감 촌 들렀더니
한약 만들었던 고을은 간 데 없고
사방 천지 길만 닦아 놓고

여수 터미널에 앉았더니
섬사람들 소복이 갈 길이 바쁘다 하고
돔 한 마리 잔칫상 벌여 놓고
전라도 땅 음미하니

바다, 뱃길, 야광이 어우러져
내방객 감탄사 연발하고
밤하늘의 여수 전경에 취해
무아의 경지에 빠진다

문학세계대표작가선 755

연분홍 답장

주한태 시화집

인쇄 1판 1쇄 2015년 9월 24일
발행 1판 2쇄 2015년 10월 20일

지 은 이 : 주한태
펴 낸 이 : 김천우
펴 낸 곳 : 도서출판 천우
등 록 : 1992. 2. 15. 제1-1307호
주 소 : 서울시 성동구 무학봉28길 6 금용빌딩 2F
전 화 : 02)2298-7661
팩 스 : 02)2298-7665
http://www.moonhaknet.com
E-mail : chunwo@hanmail.net

값 15,000원

ISBN 978-89-7954-610-1

이 도서의 국립중앙도서관 출판예정도서목록(CIP)은 서지정보유통지원시스템 홈페이지(http://seoji.nl.go.kr)와 국가자료공동목록시스템(http://www.nl.go.kr/kolisnet)에서 이용하실 수 있습니다. (CIP제어번호: CIP2015026666)